WEINLESE
EIN BUCH FÜR GENIESSER

WEINLESE

EIN BUCH FÜR GENIESSER

arsEdition

Wein|le|se, *die;* Weinernte, üblicher Beginn im September, Ende oft erst im Dezember mit der Spätlese

Einleitung

N° 01

Wein ist Sünde und auch Medizin, voller Energie oder voller Ruhe wirkt er berauschend und zugleich wunderbar entspannend. Gerade dieses doppelte Gesicht und dieses unberechenbare Temperament haben dazu geführt, dass der Rebensaft von jeher eine solche Faszination auf all diejenigen ausgeübt hat, die ihn lieben.

Schon seit Jahrtausenden besitzt der Wein seinen festen Platz in der Kultur des Menschen. In der Antike rankten sich religiöse Mythen um ihn, er wurde als göttliches Rauschmittel verehrt und als Heilmittel geschätzt. Während mittelalterlicher Trinkgelage genoss man ihn in Unmengen und gleichzeitig wurde er als Messwein zu einem festen Bestandteil christlicher Symbolik. Zahlreiche berühmte Dichter und Denker erkannten in diesem herrlichen Getränk ihre Muse, ließen sich von ihm inspirieren und verfielen ihm zuweilen hemmungslos.

Auch heute bewegt der Wein noch immer die Gemüter, er prägt die schönsten Landschaften der Erde, gehört zu einem jeden geselligen Beisammensein dazu, ziert ein schönes Essen und fördert die Entspannung, wenn man sich nach getaner Arbeit zurückziehen und die Beine hochlegen will.

Dieses Buch ist dem Wein und all den schönen Dingen im Leben gewidmet, die durch ihn verkörpert werden: Geselligkeit, Freude, Genuss, Ruhe und, nicht zu vergessen, Liebe. Mit zahlreichen historischen Anekdoten, fröhlichen Sinnsprüchen und Gedichten berühmter Weinliebhaber stellt es eine Hommage an diesen edlen Freund der Menschheit dar.

**WASSER MACHT WEISE, FRÖHLICH DER WEIN.
TRINKE DRUM BEIDES, UM BEIDES ZU SEIN.**

DEUTSCHE VOLKSWEISHEIT

GUTER WEIN
IST DER BESTE GESELLSCHAFTER,
UND JEDER MENSCH
SOLLTE SICH VON IHM
BEGEISTERN LASSEN.

WILLIAM SHAKESPEARE

Auf der Berge freien Höhen,
in der Mittagssonne Schein,
an des warmen Strahles Kräften
zeugt Natur den goldnen Wein.
Und noch niemand hats erkundet,
wie die große Mutter schafft;
unergründlich ist das Wirken,
unerforschlich ist die Kraft.

Friedrich Schiller

Der Wein erfreut des Menschen Herz,
und die Freudigkeit
ist die Mutter aller Tugenden.

Johann Wolfgang von Goethe

Bergvolt

WEISSBURGUNDER

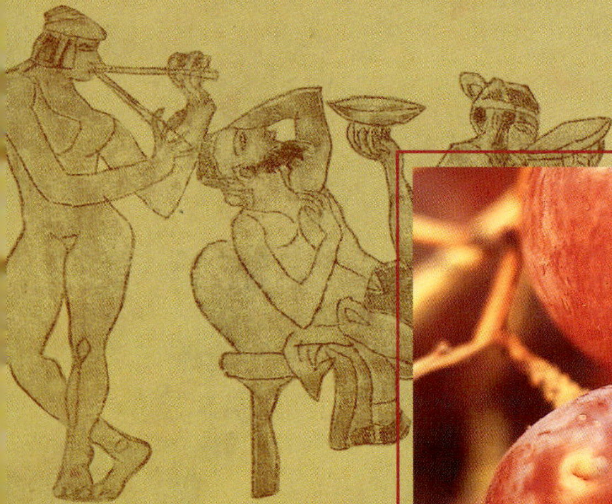

HEITERKEIT ENTLASTET
DAS HERZ
Hippokrates

Mythos Wein – Der Kult des Dionysos

N° 02

Der Wein hat auf die Menschen, besonders wegen seiner berauschenden Wirkung, schon ewig einen großen Reiz ausgeübt. Nahezu euphorische Begeisterung rief der Dionysos-Kult im alten Griechenland hervor. Dionysos wurde nicht nur als Gott des Weines, sondern gleichzeitig als Gott der Ekstase und des Rausches verehrt.

Schon als Kind hatte er die mächtige Hera, Gattin des Zeus, zur Feindin, denn er war das Kind einer Liaison zwischen dem Göttervater und der schönen Semele. Die eifersüchtige Hera ließ den kleinen Dionysos töten, doch es gelang dem jungen Gott wieder aufzuerstehen und einen Siegeszug durch nahezu die ganze damals bekannte Welt anzutreten.

Begleitet von einer großen Schar von Frauen, den Mänaden, soll er von Stadt zu Stadt gezogen sein, wo diese vom Wein berauschte, tanzende und singende Truppe stets feuchtfröhliche Feste feierte, die nicht selten in Orgien endeten. Nicht immer wurde diese Gesellschaft mit offenen Armen empfangen, denn es heißt, dass die Damen in ihrem Rausch zuweilen das Fleisch junger Männer aßen!

Dies alles ist natürlich Legende, doch sie führte besonders zur Zeit Alexanders des Großen zu einer kultischen Verehrung des Dionysos, die sich über die ganze hellenistische Welt erstreckte und deren Anhänger zu Ehren des Gottes wilde, zügellose Feste – die Dionysien – veranstalteten, bei denen der Wein natürlich in Strömen floss.

Der Wein ist ein Geschenk der Götter,
sie haben den Wein
dem Menschen aus Erbarmen gegeben.

Platon

WER NICHT AM TRINKEN FREUDE HAT,
DER IST EIN NARR.

Euripides

NICHT ALLES, WAS GENUSS BEREITET,
IST AUCH WOHLTUEND,
ABER ALLES, WAS WOHLTUEND IST,
BEREITET AUCH GENUSS.

PYTHAGORAS

LANGOA BARTON

SAINT-JULIEN

APPELLATION SAINT-JULIEN CONTRÔLÉE

S.A. DES CHATEAUX LANGOA ET LEOVILLE-BARTON

750 ml

CRU CLASSÉ EN 1855

FIDE ET FORTITUDINE

1995

L. ALMA TADEMA

Ein römisches Gastmahl

N.º 03

Auch die alten Römer verehrten den Wein und hielten zu Ehren ihres Weingottes Bacchus nicht selten große Trinkgelage ab. Wie Dionysos bei den alten Griechen, so erfreute sich auch der römische Bacchus, als Gott der Freude, der Geselligkeit und des Weines, einer großen Beliebtheit.

Zwar wurde der Wein während eines römischen Gastmahls mit Wasser vermischt, doch das Mischungsverhältnis veränderte sich mit zunehmender Stunde nicht selten zugunsten des Weins, sodass das Gelage fast immer im allgemeinen Rausch endete.

Von einem solch exzessiven Ablauf einer »Cena« im alten Rom berichtet der berühmte Roman »Das Gastmahl des Trimalchio«. Der Dichter Petronius Arbiter erzählt hier in recht unverblümter Art von einem üppigen Gelage, bei dem über Stunden hinweg die verschiedensten Speisen dargereicht wurden und sich die Gäste an den Darbietungen zahlreicher Tänzer und Tänzerinnen erfreuten, während ein hundertjähriger Wein in Strömen floss. Selbst ein gemeinsam eingenommenes zwischenzeitliches Bad konnte den großen Rausch nicht mildern, denn danach wurde bis zur völligen Besinnungslosigkeit weitergezecht. Bestimmt musste nicht jedes römische Gastmahl so maßlos verlaufen, doch eine Ausnahme war Trimalchios Gelage sicherlich nicht ...

Liegst du bei frohem Gelage
selig zur Seite der Schönen,
bitte die Götter, dass der Wein
dir nicht die Sinne verwirrt.
Mächtige Trunkenheit stört,
sie schadet und ekelt.

Ein winziges Schwipschen jedoch,
mehr noch geminnt als getrunken,
hilft dir zum Spiele.

Ovid

Was für ein Ruhm
liegt in einer großen Trinkfestigkeit?
Auch wenn du die Palme erringst
und deine vom Schlaf hingestreckten
und sich erbrechenden Trinkkumpane
jedes Zutrinken zurückweisen,
selbst wenn du der einzige Überlebende
des ganzen Gelages bist, alle durch
deine großartige Leistungsfähigkeit
übertroffen hast und niemand sich
als so trinkfest erweist wie du,
wirst du zuletzt doch besiegt:
vom Fass.

Seneca

Bac|cha|nal { gr. baxa... } *das;* antikes Trinkgelage zu Ehren des römischen Weingottes Bacchus (gr. Dionysos) seit dem 5. Jh. v. Chr. üblich, wegen exzessiver Ausschweifungen 186 v. Chr. vom römischen Senat eingeschränkt

BACCHUS LÄSST DIE REBE
SPRIESSEN,
SAFT DURCH IHRE BLÄTTER
FLIESSEN,
LÄSST SIE WEICHE LÜFTE
FÄCHELN,
SONNET SIE MIT SEINEM
LÄCHELN.

LUDWIG TIECK

CHÂTEAU
LÉOVILLE BARTON
2000
CRU CLASSÉ EN 1855
12.5 % vol.
SAINT-JULIEN
750 ml
APPELLATION SAINT-JULIEN CONTRÔLÉE
S.A. DES CHATEAUX LANGOA ET LÉOVILLE-BARTON
A SAINT-JULIEN-BEYCHEVELLE GIRONDE
MIS EN BOUTEILLE AU CHATEAU

PRODUIT DE FRANCE
valier de Sterimberg®
DÉPOSÉE
ERMITA
APPELLATION HERMITAGE CONTRÔL
JABOULET
Mis en bouteille par
JL JABOULET AINÉ - 26600 LA ROCHE DE GLUN
PRODUCE OF FRANCE

Der Rebensaft im Mittelalter

N° 04

Auch im Mittelalter war der Wein nicht aus dem Leben der Menschen fortzudenken, kam ihm doch eine wichtige gesellschaftliche und auch religiöse Bedeutung zu. Er war nicht nur ein beliebtes Sonntagsgetränk, sondern diente auch als Medizin, und vor allem im Rechtsleben wurden Vereinbarungen stets mit einem ordentlichen Schluck Wein vollzogen.

Somit gab es, da auch Verlobung und Heirat zum »Handel« zählten, zahlreiche Gelegenheiten, einen guten Tropfen zu genießen, sodass besonders die Deutschen in den Ruf gerieten, derbe Zecher zu sein, die ihre Gäste regelrecht zum Trinken nötigen.

DER HAT NICHT WOHL GETRUNKEN,
DER SICH ÜBERTRINKT.

Walther von der Vogelweide

Auch für die Kirche war Wein als Symbol des Blutes Christi von großer Bedeutung und gehört seit dem Mittelalter zur katholischen Messfeier dazu. So wundert es nicht, dass besonders die Klöster schon früh damit begannen, eigenen Wein herzustellen.

Dieser wurde jedoch nicht nur für den Gottesdienst benötigt, sondern durchaus auch von den Mönchen getrunken. Zuweilen soll sich der klösterliche Weingenuss mancherorts auf mehr als drei Liter pro Tag und Kopf belaufen haben, was sicherlich zu dem bekannten Bild vom ewig betrunkenen Klosterbruder beigetragen hat.

WEIN ERFRISCHT
MATTE KRÄFTE,
TRAURIGKEIT
VERSCHEUCHT ER,
ALLE MÜDIGKEIT DER SEELE
VERJAGT ER.

KIRCHENVATER AUGUSTINUS

Ge|würz|wein, *der;* mit Gewürzen wie Nelken, Ingwer oder Zimt versetzter Wein, wird in der Regel als Glühwein genossen

ENTHALTSAMKEIT BEFIEHLST DU, O MEIN GOTT,
GIB, WAS DU FORDERST, DANN FORDRE,
WAS DU WILLST.

Kirchenvater Augustinus

CHAMPAGNE

E. Barnaut

MAISON FONDÉE EN 1874
PROPRIÉTAIRES P. & E. SECONDÉ PETITS FILS & SUCCESSEURS

In fröhlicher Runde

N° 05

Zu allen Zeiten war Wein ein beliebtes Getränk, das stets zur freudigen Stimmung in einer geselligen Runde beigetragen hat. Ob nun auf einem adeligen Hochzeitsbankett gleich mehrere tausend Liter des besten Tropfens kredenzt wurden oder die einfache Landbevölkerung in rustikalen Wirtshäusern zusammenkam, um schlichten, aber dafür selbst gewürzten Rebensaft zu trinken – jeder liebte den Wein.

Im fröhlichen Kreis saß man beisammen, um die Gläser zu heben, anzustoßen, Lieder zu singen und sich des Lebens zu freuen. Dies war früher nicht anders als heute und so ist es auch kein Wunder, dass auf kein anderes Getränk, auch nicht auf das Bier, eine solche Fülle an Lobliedern gesungen wurde.

DER WEIN IST GESCHAFFEN, DASS ER DIE MENSCHEN SOLL FRÖHLICH MACHEN.

JESUS SIRACH

Was ist das für ein durstig Jahr!
Die Kehle lechzt mir immerdar,
die Leber dorrt mir ein.
Ich bin ein Fisch auf trocknem Sand,
ich bin ein dürres Ackerland;
o schafft mir, schafft mir Wein!

Was weht doch jetzt für trockne Luft!
Kein Regen hilft, kein Tau, kein Duft,
kein Trunk will mir gedeihn.
Ich trink im allertiefsten Zug,
und dennoch wird mirs nie genug,
fällt wie auf heißen Stein.

Was herrscht doch für ein hitz'ger Stern!
Er zehrt mir recht am innern Kern
und macht mir Herzenspein.
Man dächte wohl, ich sei verliebt;
ja, ja! die mir zu trinken gibt,
soll meine Liebste sein.

Und wenn es euch wie mir ergeht,
so betet, dass der Wein gerät,
ihr Trinker insgemein!
O heil'ger Urban, schaff uns Trost!
Gib heuer uns viel edeln Most,
dass wir dich benedein!

Ludwig Uhland

Trink|lied *das;* beim Zechen gesungenes Lied, das das Trinken lobt und den Wein ehrt, bis in die Antike zurückreichende Tradition

EIN GERADER MENSCH SCHEUT NICHT
DIE FREUNDSCHAFTLICHEN GESCHWÄTZE,
DIE AUS DEM RAUSCH HERVORGEHEN.

Jean-Jacques Rousseau

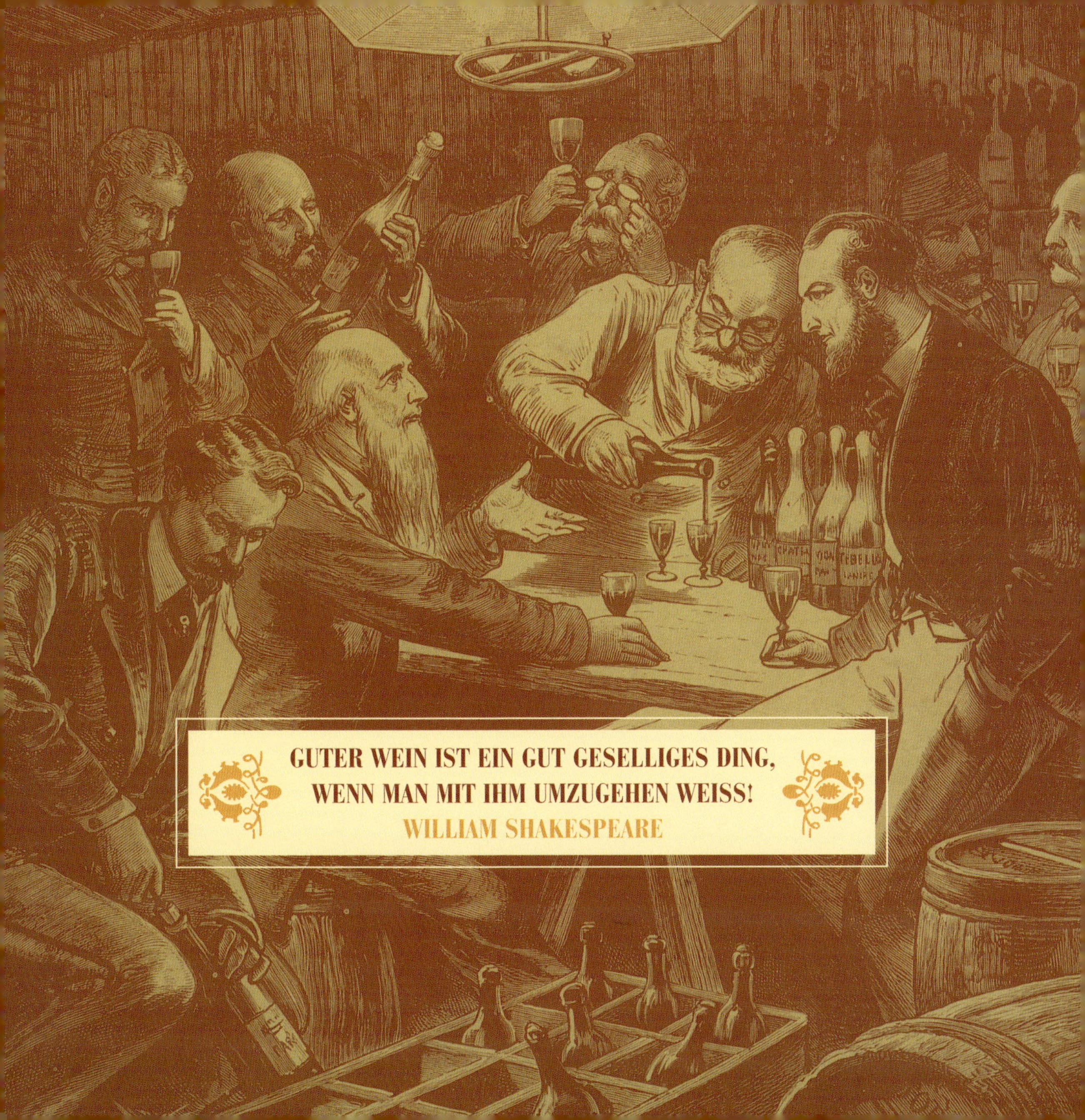

GUTER WEIN IST EIN GUT GESELLIGES DING,
WENN MAN MIT IHM UMZUGEHEN WEISS!
WILLIAM SHAKESPEARE

Vi|no|thek { wi...; lat.; gr } *die;*
a) Sammlung kostbarer Weine;
b) Weinkeller mit Weinausschank

Was bin ich alter Bösewicht
so wankelig von Sinne.
Ein leeres Glas gefällt mir nicht,
ich will, dass was darinne.

Das ist mir so ein dürr Geklirr;
he, Kellnerin, erscheine!
Lass dieses öde Trinkgeschirr
befeuchtet sein vom Weine!

Nun will mir aber dieses auch
nur kurze Zeit gefallen;
hinunter muss es durch den Schlauch
zur dunklen Tiefe wallen. –

So schwank ich ohne Unterlass
hinwieder zwischen beiden.
Ein volles Glas, ein leeres Glas
mag ich nicht lange leiden.

Ich bin gerade so als wie
der Erzbischof von Köllen,
er leert sein Gläslein wuppheidi
und lässt es wieder völlen.

Wilhelm Busch

Der Wein steigt in das Gehirn, macht es sinnig,
schnell und erfinderisch,
voll von feurigen und schönen Bildern.

William Shakespeare

Wein belebt den Geist!

N° 06

Wein hebt nicht nur die Stimmung, sondern belebt auch den Geist. Dieser Überzeugung waren zahlreiche berühmte Künstler und Dichter, die in einem Gläschen Wein oft eine Quelle der Inspiration fanden.

Johann Wolfgang von Goethe gab offen zu, dass, während andere ihren Rausch verschliefen, der seinige auf dem Papier stehe. Der Lebemann, der weder der Damenwelt noch ausgiebigen kulinarischen Genüssen abhold war, war auch ein großer Weinliebhaber und trank bis zu drei Flaschen am Tag, wobei er Weißwein bevorzugte.

DER WEIN ERFINDET NICHTS,
ER SCHWATZT'S NUR AUS.

Friedrich Schiller

Weißwein war auch das liebste Getränk des Malers und Dichters Wilhelm Busch. Nach eigenen Angaben frönte er dieser Leidenschaft jedoch nur in Maßen, indem er alle zwei Wochen eine halbe Flasche trank. Ob man ihm das glauben darf? Eine Vielzahl an Gedichten und Lobpreisungen auf den herrlichen Rebensaft sprechen da eine andere Sprache ...

Keinen Hehl aus seinem zuweilen maßlosen Weingenuss machte der Dichter Gottfried Keller. Als ihm sein Arzt riet, in Zukunft weniger »Flüssigkeiten« zu sich zu nehmen, entschied sich Keller, fortan auf Suppe zu verzichten. Dass eine solche Leidenschaft zum Wein jedoch auch tragisch enden kann, zeigt die Krankheitsgeschichte des großen Komponisten Ludwig van Beethoven, der an einem Leberschaden starb.

Die Liebe zum Wein ist immer auch eine Gradwanderung zwischen Leidenschaft und Sucht. Viele berühmte Geister wussten das, doch immer wieder ließen sie sich von dieser ihrer Lieblingsmuse hemmungslos verführen.

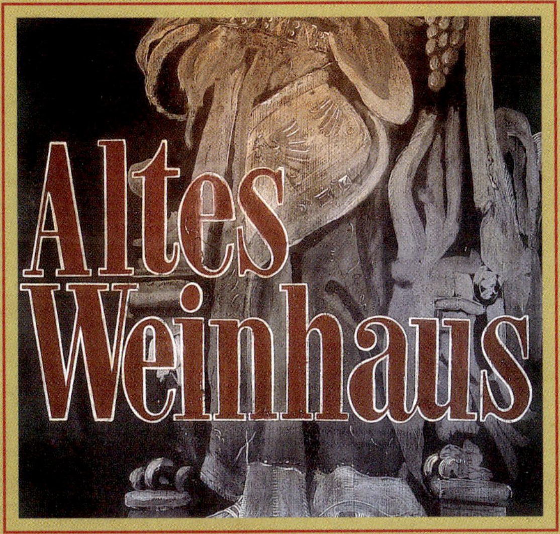

Ein trunkner Dichter leerte
sein Glas auf jeden Zug;
ihn warnte sein Gefährte:
»Hör auf, du hast genug.«
Bereit vom Stuhl zu sinken,
sprach der: »Du bist nicht klug.
Zu viel kann man wohl trinken,
doch nie trinkt man genug.«

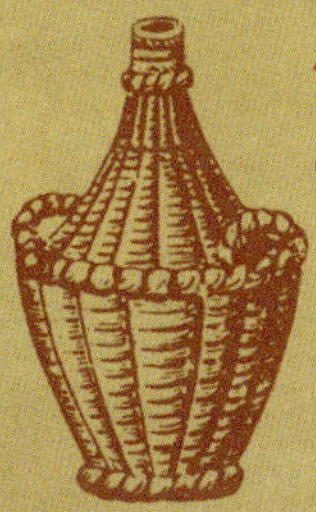

Gotthold Ephraim Lessing

Wenn Ihr Wein getrunken habt,
seid Ihr alles doppelt,
was Ihr sein sollt,
noch einmal so leicht denkend,
noch einmal so unternehmend,
noch einmal so schnell ausführend.

Johann Wolfgang von Goethe

VERGEBENS KLOPFT,
WER OHNE WEIN IST,
AN DER MUSEN PFORTE AN.

PLATON

Ehedem, getreu und fleißig,
tat er manchen tiefen Zug.
Erst nachdem er zweimal dreißig,
sprach er: Jetzo sei's genug!
Von den Taten, wohl vollbrungen,
liebt das Alter auszuruhn,
und nun ist es an den Jungen,
gleichfalls ihre Pflicht zu tun.

Wilhelm Busch

Das Brot ist die ewig unveränderte unterste Grundlage aller Erden- und Menschheitsgeschichten, der Wein aber die edelste Gabe der geistesdurchdrungenen, lebenswarmen Natur.

GOTTFRIED KELLER

FÜR SORGEN SORGT DAS LIEBE LEBEN,
UND SORGENBRECHER SIND DIE REBEN.

Johann Wolfgang von Goethe

Zum Wohle!

N° 07

Neben seinen verführerischen und gefährlichen Seiten besitzt der Wein auch heilende Kräfte. Von seiner medizinischen Wirkung sind die Menschen schon seit der Antike überzeugt. So wurde er in vergangenen Jahrhunderten aufgrund seiner hygienischen Zusammensetzung auch äußerlich angewandt, indem man zum Beispiel mit Branntwein Wunden desinfizierte.

Von dem Glauben an die wohltuende innere Wirkung des Weins zeugen unsere gebräuchlichen Trinksprüche, wie »Zum Wohle!« oder »Santé«, mit denen man seit langen Zeiten auf die Gesundheit anstößt.

ROTWEIN IST FÜR ALTE KNABEN EINE VON DEN BESTEN GABEN.

Wilhelm Busch

Auch heute weiß man, dass Wein in Maßen gesund sein kann. So sollen sowohl Rot- als auch Weißwein vor Herzinfarkt schützen. Darüber hinaus regt Rotwein die Durchblutung an und beruhigt aufgewühlte Nerven, während Weißwein gegen Appetitlosigkeit hilft und gut gegen lästige Blähungen sein soll.

Es ist bei einer ansonsten ausgewogenen Ernährung und viel Bewegung also keine Sünde, sich am Abend in Ruhe ein Gläschen zu gönnen und sich nicht nur dem wunderbaren Genuss hinzugeben, sondern auch mit gutem Gewissen etwas für sein körperliches Wohlbefinden zu tun.

Wer Wein trinkt, schläft gut.
Wer gut schläft, sündigt nicht.
Wer nicht sündigt, wird selig.
Wer also gut Wein trinkt, wird selig.

William Shakespeare

{ **Wein|geist,** *der:* { lat. Spiritus Vini } anderes Wort für den Alkoholgehalt des Weines, der bei 1 Liter 50–120 g beträgt }

Der Wein ist ein Ding, in wunderbarer Weise für den Menschen geeignet, vorausgesetzt, dass er bei guter und schlechter Gesundheit sinnvoll und in rechtem Maße verwandt wird.

HIPPOKRATES